Si mi mamá fuese un ornitorrinco

Si mi mamá fuese un ornitorrinco

LAS CRÍAS DE LOS ANIMALES Y SUS MADRES

Dia L. Michels

ILUSTRACIONES POR Andrew Barthelmes

Science, Naturally!, LLC
Washington, DC

Para Akaela, Zaydek y Miralah—mis crías mamíferas

ISBN 10: 0-9700106-8-0 / ISBN 13: 978-0-9700106-8-1

Publicado por:
Science, Naturally! LLC
725 8th Street, SE
Washington, DC 20003 EEUU
202-465-4798 / Toll-free: 1-866-SCI-9876
Fax: 202-558-2132
www.ScienceNaturally.com

Otras ediciones:
ISBN 10: 0-9678020-7-5 / ISBN 13: 978-0-9678020-7-7 edición en rústica en Inglés
ISBN 10: ISBN: 1-930775-35-0 / ISBN 13: 978-1-930775-35-0 edición en tapa dura en Inglés
ISBN 10: 0-9678020-8-3 / ISBN 13: 978-0-9678020-8-4 edición en tapa dura en Hebreo

Todas las ediciones también se venden acompañadas con un muñeco de felpa ornitorrinco que mide 15'.

Originalmente publicado en inglés en 2001 por Platypus Media, LLC., Washington, DC
ISBN: 1-930775-02-4
Edición modificada en 2005 por Platypus Media, LLC, Washington, DC
ISBN: 1-930775-35-0 (tapa dura) y ISBN: 1-930775-19-9 (rústica)

La Biblioteca del Congreso ha catalogado la edición previa así:
Michels, Dia L.
Si mi mamá fuese un ornitorrinco: las crías de los animales y sus madres / por Dia L. Michels; ilustraciones por Andrew Barthelmes.– 1era. ed.
p. cm.
ISBN 1-930775-02-4 (papel alk.)
1. Mamíferos—Infancia—Literatura juvenil. [1. Mamíferos–Infancia. 2. Animales–Infancia. 3. Madre e hijo/a.] I. Barthelmes, Andrew, ill. II. Título.
QL706.2 .M53 2001
599.13'9—dc21
2001000614

Este libro tiene correlación con los Estándares de Educadores de Ciencia estipulado por el Centro para Educación en las Academias Nacionales. Más información sobre los estándares específicos que son soportados por este libro se puede encontrar en www.ScienceNaturally.com.

La Guía de Actividades y La Guía de Demostraciones están disponibles para ayudar a ampliar y extender los conceptos del libro. Estos materiales, escritos por una profesora, se pueden bajar gratis en la pagina de Internet llamada www.ScienceNaturally.com.

Escuelas, bibliotecas, gobierno y organizaciones sin fines de lucro, pueden recibir un descuento para pedidos en cantidades grandes. Favor contactarnos a la dirección notada arriba, o enviarnos un correo electrónico a Info@ScienceNaturally.com.

10 9 8 7 6 5 4 3 2 1

EDITORA: Ellen E.M. Roberts, Where Books Begin, New York, NY
DIRECTORA DE INVESTIGACIÓN: Emily Schuster, Silver Spring, MD
ASISTENTE DE INVESTIGACIÓN: Judith Schaefer, Washington, DC
DISEÑADORES: Nina Barnett, Seattle, WA y Andrew Barthelmes, Peekskill, NY
DIRECTOR CREATIVO: Douglas Wink, Inkway Graphics, Santa Fe, NM

Impreso en USA

Science, Naturally!®
Bridging the gap between the blackboard and the blacktop

Contenido

	Ornitorrinco	7
E	Elefanta africana	11
E	Koala	15
E	Tití leoncito dorado	19
E	Ballena gris	22
E	Jirafa	27
	Musaraña chica	31
E	Foca encapuchada	35
	Murciélago mexicano de cola libre	39
	Leona	42
E	Osa polar	47
	Hipopótamo	51
E	Orangután	54
	Humana	59
	Glosario	62
	Índice	64

Muchos mamíferos están en peligro de desaparecer de nuestra Tierra.
El símbolo E indica los animales cuya existencia está actualmente amenazada.

Si mi mamá fuese un ornitorrinco . . .

¡. . . Habría empollado de un huevo!

¿Cómo Naciste?

Para alistarse para mi llegada, mi mamá hiso un nido al lado de un riachuelo. En éste, ella puso dos huevos correosos, tamaño de uvas. Las crías de los ornitorrincos usualmente nacen en pares. Nuestros dos huevos estaban pegados el uno al otro, para que no nos dividiéramos ni rodáramos. Mi mamá recogió los huevos con su cola, y los puso encima de su panza. Descansamos allí por 10 días hasta llegar el tiempo de empollar.

Yo era del tamaño de un frijol, color rosado brillante y pelón cuando empollé con mis ojos cerrados. Me aferré al pelaje de mi mamá. La leche empezó a rezumar de las manchas de leche en su pecho. Bebé la leche a lengüetazos de su pelaje.

¿Cómo Creciste?

Durante casi cuatro meses, me alimenté de la leche de mi mamá. A medida que iba creciendo, mi pelaje color café creció suave y sedoso. Mis ojos se abrieron y pude gatear, gruñir como un perrito y hacer sonidos de besos. Cuando mi mamá se iba del nido para conseguir comida para si misma, ella siempre tapaba la entrada con lodo para que yo y mi gemelo estaríamos bien escondidos. Cada vez que ella regresaba, tenía que escarbar para entrar el nido.

¿Qué Sabes?

Cuando tenía cuatro meses, salí del nido por primera vez. Ya medía más de un pie (30cm) de largo y pesaba alrededor de una libra (454g). Mi mamá me llevó al agua para mi primer baño. Ella me enseñó como agarrar los huevos de insectos, los cuales ella aplastó entre dos platos duros en sus mandíbulas para alimentarme.

Ahora tengo cinco meses. Todavía regreso a mi nido para dormir con mi mamá. Sin embargo, muy pronto saldré y escarbaré mi propio túnel en otro riachuelo. Allí haré mi nido para mis propias crías algún día.

¿Y Qué Comes?

Busco en el lecho del riachuelo para comida. Con mi pico, encuentro bichos para comer, como camarones y gusanos. Mi pico me ayuda a encontrar comida que no puedo ver. Es suave y flexible, no duro como el pico de un pato. Doblo mi pico en un tubo plano que uso para aspirar camarones y gusanos. Los mantengo en las bolsas de mis cachetes hasta regresar a la superficie del riachuelo. Masco mi comida en mis mandíbulas mientras floto en el agua.

¡Dato Curioso!

El ornitorrinco macho es uno de los pocos mamíferos venenosos que existe en la naturaleza. Cuando otro macho se acerca demasiado, el ornitorrinco apuñala al ofensor con un espolón en su pierna trasera. Veneno sale con gran fuerza y le aturde al enemigo, permitiendo que el ornitorrinco se escape. Solo el ornitorrinco macho tiene espolones venenosos.

Si mi mamá fuese una elefanta africana . . .

¡. . . habría nacido con un gran golpazo!

¿Cómo Naciste?

Después de casi dos años dentro de mi mamá, estaba lista para nacer. Mi mamá se acercó a otra elefanta, se sujetó contra la espalda ancha y tibia de esta ayudante materna. Luego los otros elefantitas y elefantitos se congregaron cerca, haciendo resonancias fuertes, agitando sus trompas y batiendo sus orejas. Caí al suelo de por entre las piernas traseras de mi mamá con un gran golpazo.

Usando sus trompas, colmillos y pies delanteros, mi mamá y la elefanta asistente me limpian. Apenas 20 minutos después de haber nacido, estaba parada en mis piernas flojas. Mi mamá me empolvó con grandes cantidades de polvo para ayudarme a secar. Luego ella salió para conseguir una bebida. Las otras elefantas me cuidaron hasta que mi mamá regresó.

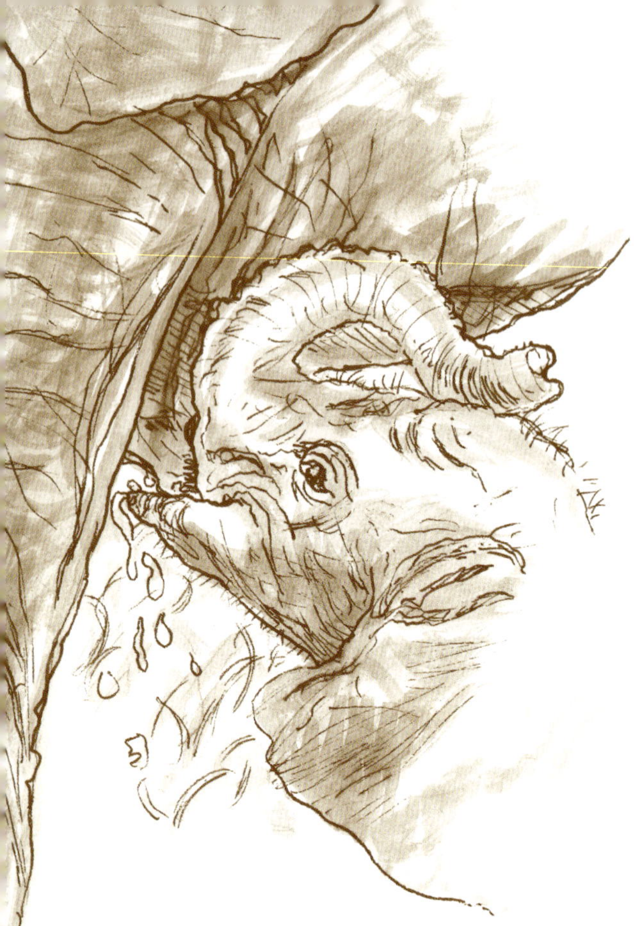

¿Cómo Creciste?

Nací grande – alrededor de tres pies (1m) de alto y más de 200 pesos (90kg) – justo el tamaño correcto para una elefantita. Cuando mi mamá se paraba o caminaba, yo cabía bien bajo ella. Mi trompa colgó flácidamente a un lado y alcancé con mis labios a una tetilla entre las piernas delanteras de mi mamá. Mamé por un minuto o dos minutos cada media hora.
A veces yo chupaba mi trompa exactamente como una bebé humana chupa su pulgar.

Los elefantes crecen despacio. Hasta que tenga nueve años, pasaré por lo menos la mitad de mi tiempo muy cerca de mi mamá. Un elefante macho deja su grupo familiar cuando tiene entre 12 y 20 años. Una elefanta se queda con la familia toda su vida.

¿Qué Sabes?

Mi familia me enseña las cosas que los elefantes necesitan saber: cómo reconocernos, cómo encontrar comida y agua y cómo nadar usando mi trompa como un tubo de buceo. A medida que voy aprendiendo, mi mamá me cuida muy bien. Si me alejo, ella viene por mí. Si doy un traspié, ella me envuelve en su trompa y me ayuda a pararme. Ella me ayuda subir colinas y sobre troncos botados. Ella me saca del lodo profundo. Ella me toca ligeramente y me conforta con su trompa. A veces, si no me porto bien, ella me pega con ésta. Mi cosa favorita es cuando ella me lava con su trompa.

Siempre viajamos con nuestra manada de otros elefantitos y elefantitas. Mi papá y los otros elefantes machos usualmente sólo se unan con nosotros cuando es el tiempo de aparearse.

¿Y Qué Comes?

Mis primeros dientes solo eran del tamaño de monedas de 25 centavos,no bastante grande para masticar las hojas y hierbas duras que a los elefantes les gustan. Durante los primeros tres meses de mi vida, la leche de mi mamá era mi única comida.

Perdí mis dientes de leche y crecí dientes más grandes para poder comer plantas. Continuaré a mamar hasta que tenga más de cuatro años y tenga colmillos midiendo 12 pulgadas (30cm) de largo.
Para entonces, encontraré toda mi propia comida. Usaré mi trompa para recoger plantas creciendo en el suelo o muy alto en los árboles. Pasaré 16 horas diarias buscando comida.

¡Dato Curioso!

Los pies de los elefantes son bastante fuertes para caminar sobre rocas y piedras, pero también son suaves y esponjosos. Los pies grandes y redondos ayudan a extender el peso del elefante sobre un área grande. Esto quita la presión de todo ese peso de los huesos de sus piernas. Con sus gran pies suaves y acolchados, elefantes pueden mover silenciosamente, aunque lleguen a pesar más de cinco toneladas (4,5 tm). Los elefantes apenas dejan huellas.

Si mi mamá fuese un koala . . .

¡. . . habría nacido en un árbol en Australia!

¿Cómo Naciste?

Antes de que nací, mi mamá ya tenía listo un nido para mí. No un nido como los que hacen los pájaros, sino una bolsa abdominal suave y caliente. Ella se sentó en las ramas de un eucalipto y esperó mientras yo crecía en su vientre. El pelaje de su trasero fue un cojín fino y suave. Finalmente, salí – más pequeña que una uva! Mis ojos y orejas estaban sellados. Se podían ver mis vasos sanguíneos a través de mi piel. Tenía garras minúsculas y tan afiladas como agujas en mis pies delanteros y músculos fuertes en mis hombros.

Podía gatear a través del pelaje grueso de mi mamá hacia la abertura pequeña y redonda de su bolsa abdominal. Su bolsa abdominal se abre para atrás, hacia sus pies, a diferencia de la bolsa abdominal del canguro. Ya adentro, encontré dos tetillas. Me prendí de una. Se hinchó tanto que no había manera de desprenderme de ella. Me quedé allí por seis meses bebiendo la leche de mi mamá.

¿Cómo Creciste?

Despacio, empecé a crecer a medida que tomaba la leche de mi mamá. Su bolsa abdominal se estiró y creció junto a mí.

Cuando por fin mis ojos se abrieron, me asomé por primera vez.

Yo era una flaquita pequeña con pelo corto, liso y de color café. Cuando empecé a salir de la bolsa abdominal de mi mamá para paseos pequeños, olí algo rico cerca para comer. Me asomé la cabeza y seguí mi nariz. Me guió a una sustancia suave, oscura y verdosa, llamado papilla, saliendo del ano de mi mamá. Estaba hecho de hojas que mi mamá había masticado y tragado.

A medida que yo empecé a comer la papilla, la lecha de mi mamá se hiso cada vez más gruesa y rica. Comiendo la leche y la papilla, crecí rápido. Dentro de dos semanas mis dientes crecieron y me convertí en la koala suave, sedosa y peluda que soy hoy.

¿Qué Sabes?

Para cuando tenía siete meses, ya me quedaba pequeña la bolsa abdominal y dejé de mamar. Ahora, me acurruco en los regazos de mi mamá para dormir. Cuando me despierto, ando en su espalda mientras que ella se mueve de un grupo de hojas de eucalipto a otro.

Para mi primer cumpleaños, mi mamá estará esperando una nueva cría. Cuando ella se asome su cabeza de la bolsa abdominal, tendré que dejar a mi mamá. No habrá bastantes hojas buenas en su grupo de árboles para sostenernos a todas, entonces yo tendré que salir y encontrar un árbol propio.

¿Y Qué Comes?

Nosotros los koalas vivimos una vida muy lenta y perezosa. Luego en la noche comemos nuestra comida favorita – las hojas del eucalipto. Éstas contienen bastante agua, entonces no tengo que tomar mucho. Me gustan las hojas del eucalipto tanto, que me puedo quedar en el mismo árbol por varios días. También como hojas de boj y muérdago.

¡Dato Curioso!

Se usa el eucalipto para elaborar pastillas contra la tos – y debido a que los koalas comen mucho eucalipto, también huelen como pastillas contra la tos! El olor les ayuda espantar a las pulgas. Hay más que 700 tipos de árboles de eucalipto en Australia, pero los koalas solo comen las hojas de unos 15 de éstos. Sus narices les ayudan a identificar el tipo correcto de hojas de eucalipto.

Si mi mamá fuese un tití leoncito dorado. . .

¡. . . habría nacido en la cama familiar!

¿Cómo Naciste?

Me parió mi mama, uno de dos tamarinos gemelos, en un hueco en un árbol. Mi familia había usado este nido durante tanto tiempo, que se encontraba acolchado con una capa gruesa de pelaje de tamarino. Todos dormíamos acurrucados juntos, disfrutando el calor, la compañía y el olor de los otros.

Nací una noche lluviosa de primavera. Mis ojos negros, pequeños y brillantes, estaban completamente abiertos. Medía tres pulgadas (8cm) de largo, con una cola de dos pulgadas (5cm) y un pelaje dorado. Solo pesaba una onza (28g). No era más grande que la cabeza de mi papá. Aunque joven, ya era experto en tres destrezas que salvan vidas: aferrarme, gatear y chupar. Con dedos y dedos de los pies delgados con garras largas, me aferré del pelaje de mi mamá. Me subí a través de éste para encontrar sus tetillas – había una para mí y una para mi gemelo.

¿Cómo Creciste?

Durante las primeras dos semanas, me cargaron todo el día. Mi papá y mis hermanos y hermanas mayores se turnaron para cargarme. Al principio, nunca dejaba el cuerpo de mi mamá al no ser que alguien me arrancara de éste. Mi instinto de aferrarme era fuerte, pero a veces uno de los otros monos en el nido me zafaba de su espalda. Mi mamá a veces me quitaba raspando contra una rama, chillando y mordiscando. Ella no me quería hacer daño. Ella podía encontrar comida más fácilmente sin mí.

Para mi tercera semana, mi mamá todavía me estaba alimentando, pero mi papá ya me cargaba casi todo el tiempo. Dos meses más tarde, era bastante grande para empezar a correr, brincar y trepar por mi propia cuenta. Pronto, mi familia ya no me tenía que cargar. También dejé de mamar.

¿Qué Sabes?

Yo y mi gemelo jugamos mucho. Luchamos, nos agarramos, nos abalanzamos y nos perseguimos. El escondite es uno de nuestros juegos favoritos. También lo es la catapulta: yo me apoyo en ramas para doblarlas, y éstas me lanzan al vuelo cuando las ramas vuelven abruptamente a su posición original. A veces, ambos yo y mi gemelo nos abalanzamos en uno de los adultos. Usualmente, nuestros juegos son solamente para la diversión, pero si armamos un gran alboroto, un adulto podrá castigar al que lo instigó.

¿Y Qué Comes?

El tití leoncito dorado comparte su comida. Cuando yo tenía cinco semanas, empecé a comer comida sólida. Quienquiera que me cargaba me daba fruta suave o una lombriz jugosa. Ya que mis primeros dientes han crecido, puedo disfrutar de saltamontes crujientes y también cucarachas.

Correteo con el resto de mi familia mientras comen y descansan en nuestro nido en el hueco. Cuando tenga un año y medio, saldré de mi hogar para empezar mi propia familia.

¡Dato Curioso!

Los tamarinos podrán tener dos pares de gemelos por año.Siempre hay crías por allí, entonces requiere toda la familia para criarlos. Poco después de que deje de mamar, un tamarino joven empezará a cuidar sus hermanos y hermanas menores. Si hay opción, las mamás y hermanas prefieren cargar las crías hembras, y los papás y hermanos prefieren cargar las crías machos.

Si mi mamá fuese una ballena gris . . .

¡. . . habría nacido debajo del agua!

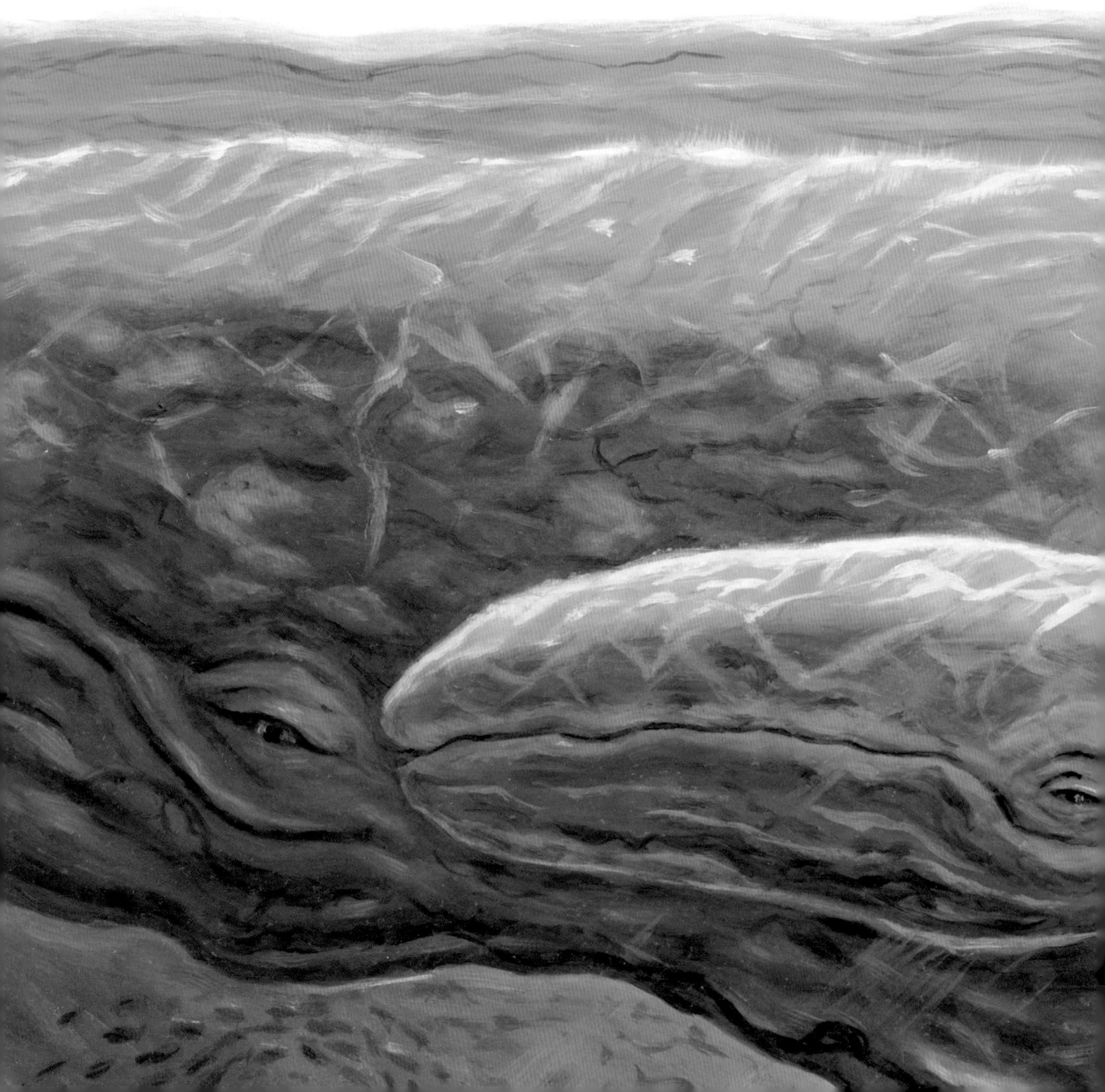

¿Cómo Naciste?

Antes de que nací, mi mamá pasó el verano cerca de la costa de Alaska, el estado más noroeste de Estados Unidos. Ella era tan grande como un autobús escolar y pesaba 30 toneladas (27tm), cada día comía 900 libras (400kg) de lombrices, cangrejos y kril, parecido a camarones, para alistarse para su largo viaje al sur. No habría nada para comer a lo largo del viaje. La almohadilla de grasa debajo de la piel de mi mamá le mantendría a ella – y a mí, todavía adentro de ella – viva y caliente.

Nadando despacio, mi mamá y otras ballenas hembras embarazadas pasaron alrededor de tres meses en el mar. Viajaron 5.000 millas (8.000km) a lagunas cerca de la costa de México. Este viaje es la migración más larga que se conoce de cualquier mamífero. Finalmente, mi mamá se dirigió al agua menos profunda, y me contoneé y salí cola primero al agua. Tres horas después, podía flotar por mi propia cuenta ynadar un rumbo recto.

¿Cómo Creciste?

Cuando yo nací, era del tamaño de una camioneta. Cada día, tomaba alrededor de 40 cuartos de galón (38 lt) de leche materna para ayudarme a crecer aún más grande. En solo dos meses, pesaba dos toneladas (2tm) y medía 20 pies (6m) de largo. A diferencia de la mayoría de los mamíferos, las ballenas maman mientras se mueven. Yo nado con mi mamá mientras ella se desliza por el agua. La ola creada por su cuerpo ayuda a levantarme al nivel de ella, para que pueda mamar. Entonces lo único que tengo que hacer, es golpear ligeramente una de las dos rendijas en su panza.Su leche sale tan gruesa como la pasta de dientes, justo en mi boca.

¿Qué Sabes?

Durante mis primeros dos meses, me quedo cerca de mi mamá. Si una orca se acerca, mi mamá me defiende. Hay otras mamás y crías cerca, pero mi mamá y yo nos mantenemos aparte.

El agua tibia es bonita, pero necesitamos comida, entonces yo y mi mamá empezamos el viaje al norte. Todavía estoy mamando, entonces todavía no tengo hambre. Ya he crecido mi propia almohadilla de grasa. Llegamos a las zonas árticas de alimentación en junio. Continuaré a mamar por un par de meses más. Para ese tiempo, mi mamá me habrá dado 6.000 cuartos de galón (alrededor de 5.700 lt) de leche. Estaré listo para empezar a comer mis propios gusanos y cangrejos

¿Y Qué Comes?

En vez de dientes, las ballenas grises tienen cerdas amarillas que se llaman barbas, adentro de sus bocas. La barba funciona como un cedazo. Nadamos en el fondo oceánico, chupando lodo para sacar los animalitos pequeños que viven en él. Permitimos que se escurren el lodo y el agua, y luego comemos los gusanos y kril que permanecen.

¡Dato Curioso!

Después de nacer sus crías, la mayoría de mamás mamíferas se inclinan hacia abajo y quiebran el cordón umbilical con sus dientes.Las ballenas no pueden hacer eso, porque no pueden inclinarse tanto.En vez de eso, ellas giran al parir, dirigiendo con sus aletas. Girando produce tensión, la cual ayuda a romper el cordón umbilical.

Si mi mamá fuese una jirafa . . .

¡. . . habría nacido en el mero aire!

¿Cómo Naciste?

Cuando llegó la hora de mi nacimiento, mi mamá se apartó de las demás jirafas. Ella caminó a un lugar en nuestro territorio donde nacen las jirafas. Se llama la zona de parir. Nací en posición podálica, con mi pequeña cabeza entre mis piernas. Caí alrededor de cinco pies (1.5m) de mi mamá al suelo.

Mi mamá me lamió por todo mi cuerpo con su lengua larga y tosca, prestando atención especial a mis ojos, nariz y orejas. Mi pelaje corto, ya estampado con manchas de color café, era suave y lanudo. Mis pezuñas eran suaves, pero se endurecieron rápidamente. Dentro de una hora, me podía parar en ellas. Empecé a chupar una de las cuatro tetillas de mi mamá. Medía seis pies (2m) de altura y pesaba 150 libras (68kg) ese primer día.

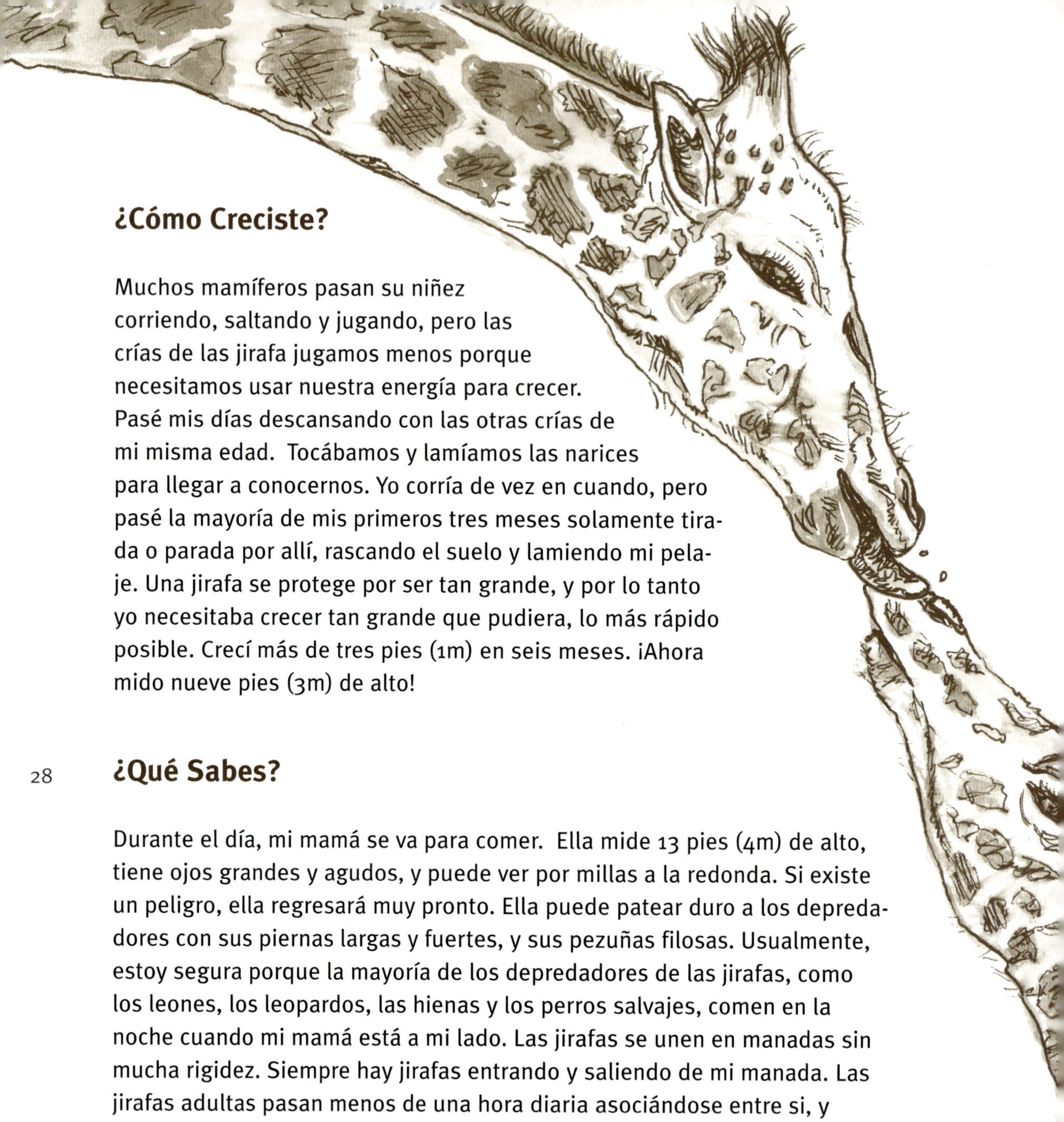

¿Cómo Creciste?

Muchos mamíferos pasan su niñez corriendo, saltando y jugando, pero las crías de las jirafa jugamos menos porque necesitamos usar nuestra energía para crecer. Pasé mis días descansando con las otras crías de mi misma edad. Tocábamos y lamíamos las narices para llegar a conocernos. Yo corría de vez en cuando, pero pasé la mayoría de mis primeros tres meses solamente tirada o parada por allí, rascando el suelo y lamiendo mi pelaje. Una jirafa se protege por ser tan grande, y por lo tanto yo necesitaba crecer tan grande que pudiera, lo más rápido posible. Crecí más de tres pies (1m) en seis meses. ¡Ahora mido nueve pies (3m) de alto!

¿Qué Sabes?

Durante el día, mi mamá se va para comer. Ella mide 13 pies (4m) de alto, tiene ojos grandes y agudos, y puede ver por millas a la redonda. Si existe un peligro, ella regresará muy pronto. Ella puede patear duro a los depredadores con sus piernas largas y fuertes, y sus pezuñas filosas. Usualmente, estoy segura porque la mayoría de los depredadores de las jirafas, como los leones, los leopardos, las hienas y los perros salvajes, comen en la noche cuando mi mamá está a mi lado. Las jirafas se unen en manadas sin mucha rigidez. Siempre hay jirafas entrando y saliendo de mi manada. Las jirafas adultas pasan menos de una hora diaria asociándose entre si, y usualmente se quedan a una distancia de 60 pies (18m) de los demás. Somos animales muy callados, pero las crías de las jirafas balan. Los adultos pueden resoplar y rugir.

¿Y Qué Comes?

Ya que tengo seis meses, he empezado a seguir a mi mamá cuando ella come. Ella me enseña cómo sacar las hojas de las acacias con su lengua larga y flexible.

Beber agua es difícil – tengo que doblar mis piernas y luego bajar mi cuello para beber. Sería fácil para que un león me ataque en esta posición incómoda. Afortunadamente, puedo pasar varias semanas sin beber, porque consigo la mayoría de mi agua de las hojas.

Hacia el fin de mi primer año, necesitaré comer más hojas y mamar menos. Apenas después de mi primer cumpleaños, dejaré de mamar por completo. Me quedaré cerca de mi mamá por dos meses másantes de empezar mi vida por mi propia cuenta.

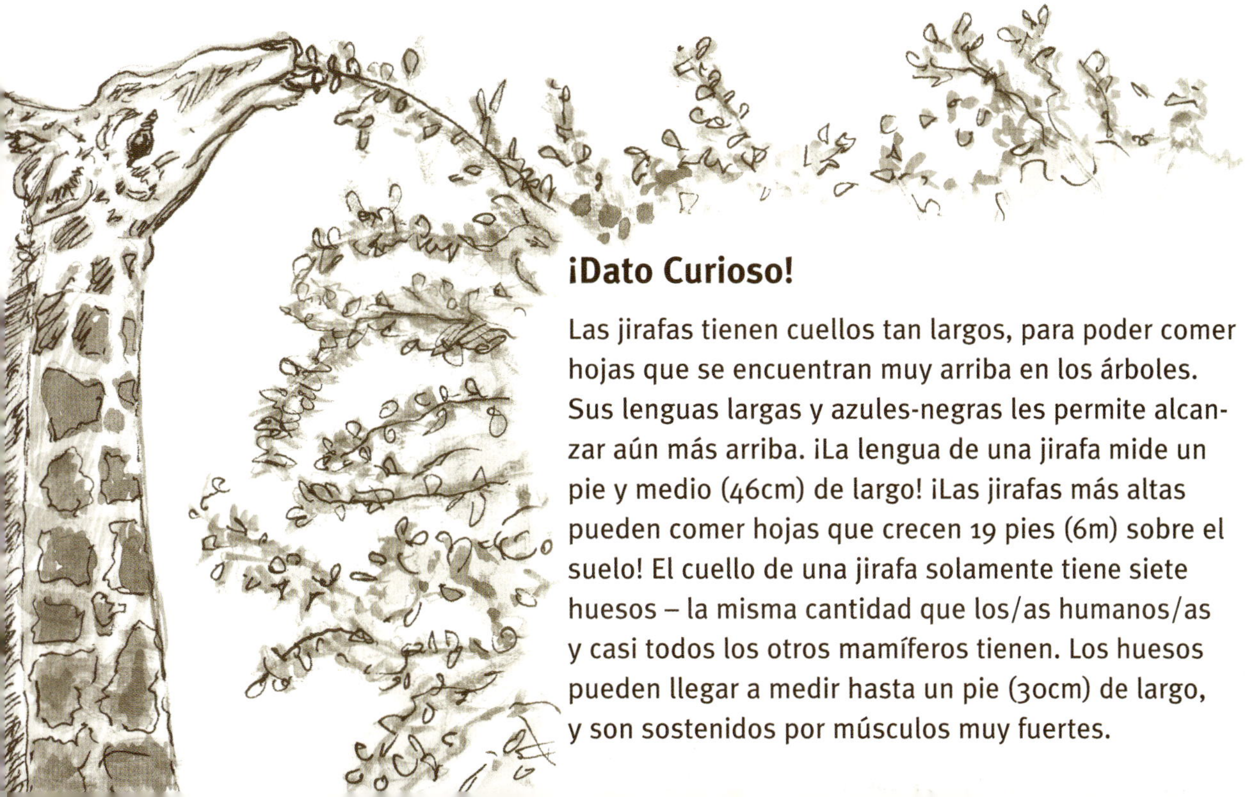

¡Dato Curioso!

Las jirafas tienen cuellos tan largos, para poder comer hojas que se encuentran muy arriba en los árboles. Sus lenguas largas y azules-negras les permite alcanzar aún más arriba. ¡La lengua de una jirafa mide un pie y medio (46cm) de largo! ¡Las jirafas más altas pueden comer hojas que crecen 19 pies (6m) sobre el suelo! El cuello de una jirafa solamente tiene siete huesos – la misma cantidad que los/as humanos/as y casi todos los otros mamíferos tienen. Los huesos pueden llegar a medir hasta un pie (30cm) de largo, y son sostenidos por músculos muy fuertes.

Si mi mamá fuese una musaraña chica . . .

¡. . . habría nacido para el ajetreo!

¿Cómo Naciste?

Casi todo en la vida de una musaraña, ocurre a una velocidad máxima. Mi mamá iba corriendo con pedacitos de hierba seca, hojas y musgo en su boca para construir un nido para mí. Con su hocico largo y puntiagudo, ella tejía las briznas para hacer un nido redondo un poco más pequeño que una pelota de tenis, y dejó aberturas pequeñas para entrar y salir. Ella se iba rodando y rodando, dándole forma y ahuecándolo con su cuerpo.

Cuando nací, era el tamaño de una almendra y pesaba casi nada. No tenía pelo y estaba ciego, con vasos sanguíneos que brillaban un rojo encendido a través de mi piel fina y bigotes pequeños saliendo de mi nariz. En los dedos minúsculos de mis pies había garras, perfectas para trepar a la tetilla para mamar. Yo era uno de siete crías. Las crías más grandes de musaraña echan a las más pequeñas, quienes mueren pronto – dejando su porción de la leche para los sobrevivientes.

¿Cómo Creciste?

Crecí muy rápidamente. Al terminar dos semanas, había crecido mi pelaje y mis dientes. Dos días después, mis ojos se abrieron. Y dos días después, era casi el mismo tamaño que mi mamá – quien ya tenía otra camada de crías por nacer. Cuando tenía tres semanas, dejé de mamar. Tuve que salir de mi hogar, construir mi propio nido y encontrar mi propia comida.

¿Qué Sabes?

Corrí a través de un campo, para encontrar un lugar para mi nido. Búhos, comadrejas, zorros y culebras me buscaban, pero encontré un lugar
para hacer madrigueras. En la primavera, tendré crías propias. Como mi mamá, yo construiré un nido para mantenerme viva y producir leche materna para mis crías.

¿Y Qué Comes?

Las musarañas chicas son tan pequeñas, y tienen tan poquita grasa, que necesitan comer cada dos horas. Día y noche, verano e invierno, corro a través de las madrigueras y los túneles de hierba, olfateando para comida. No duermo de noche: como a toda hora y tomo siestas entre comidas. Como insectos, ciempiés, larvas, caracoles, lombrices y hasta ranas pequeñas. Si uno amontona toda la comida que como cada día en un solo montón, sería más grande que mi persona.

Las musarañas usan sus dientes fuertes, más que la mayoría de los mamíferos. Mientras nos maduramos, nuestros dientes se van desgastando por cascar las conchas de caracol y los insectos crujientes.

¡Dato Curioso!

Las musarañas son luchadoras feroces. Debido a que cazan su comida todo el día y toda la noche, deben defender su fuente de alimentación contra otras musarañas. ¡Una lucha de musarañas es increíble! Chillando y gritando, se aferran la una a la otra y van rodando, pateando y mordiendo hasta que una se rinde. La perdedora se va, con la ganadora mordiendo su trasero.

Si mi mamá fuese una foca encapuchada . . .

¡. . . habría nacido en el hielo!

¿Cómo Naciste?

Un día oscuro, mi mama salió del mar frio. Era la hora de mi nacimiento, entonces ella se acostó en el hielo. Aparecí, todavía empacada en un saco. Meneé adentro por un minuto, luego salí del saco y me empecé a mover en el hielo. Cinco minutos después, mi mamá se volteó de lado, y empecé a mamar. Cuando yo no estaba mamando, las tetillas de mi mamá se desaparecían profundamente en su pelaje, cerca de su piel para que nada sobresaliera de su cuerpo lacio, el cual es muy adecuado para la natación.

¿Cómo Creciste?

Medía tres pies (1m) de largo y 44 libras (20kg) cuando nací. Necesitaba ganar peso rápido, y por ello el cuerpo de mi mamá me proveyó leche con el 60% de grasa – la leche más rica de cualquier mamífero! Tomé dos galones (8 lt) de leche color rosa-beige cada día. En solamente cuatro días, mi peso se dobló – yo ya no era una cría.

Durante ese período, mi mamá nunca se fue de mi lado. Me había alimentado y defendido contra los osos polares, las focas machos casi el doble de su propio tamaño, y hasta los/as humanos/as. Solamente cuatro días después de que yo nací, ella salió del hielo y regresó al mar. Había perdido peso cuidándome y necesitaba aumentarlo de nuevo rápidamente. Además, ella ya estaba embarazada de nuevo y tenía que engordar para la cría del próximo año.

Ahora vivo por mi propia cuenta.

¿Qué Sabes?

Después de que mi mamá me dejó, no comí nada durante cuatro semanas. Me quedé solita en el hielo. Dentro de un mes, perdí casi la cuarta parte de mi peso. Eso es cuando intenté por primera vez entrar al agua. Nadé por allí y pesqué peces para comer, exactamente como lo hago ahora. Paso la mayoría de mi tiempo nadando en el mar. Cuando estoy en la tierra, no puedo mover muy rápido, lo cual me hace un blanco fácil para los depredadores. Las focas solo vienen a la tierra o el hielo para aparearse o parir a sus crías. Cuando las focas están heridas o enfermas, van a la tierra para descansar.

¿Y Qué Comes?

Ya que puedo pescar por mi propia cuenta, como peces tal como mero, gallineta y bacalao. También como camarones, almejas, cangrejos y calamares.

Cuando doy un clavado, cierro mi nariz y garganta, para no tragar el agua del mar. Nado a la superficie del agua con mi pesca y lo como allí. No mastico mi comida. Lo trago entero.

¡Dato Curioso!

¿Por qué un animal que vive alrededor de 30 años, pasa solamente cuatro días siendo cría y tiene el período de amamantamiento más corto de cualquier mamífero? Las focas encapuchadas viven en el mar, pero paren y maman fuera del agua. La única superficie disponible es el hielo flotante. Las crías nacen en la primavera cuando el hielo empieza a derretir y quebrarse. Una tormenta súbita puede estrellar unos pedazos contra otros, aplastando mamás y crías. O un témpano de hielo podría partirse, y las mamás y crías se podrían separar. Una niñez corta ayuda a evitar dichos peligros.

Si mi mamá fuese un murciélago mexicano de cola libre . . .

¡. . . habría sido uno en un millón (o más)!

¿Cómo Naciste?

Yo era uno de millones de murciélagos de cola libre nacidos en una cueva en Tejas, en la parte suroeste de Estados Unidos. Nuestras mamás salieron de sus hogares invernales en México, para juntarse en esa cueva. Cada murciélago tuvo una cría.

Salí con mi trasero primero, con mis alas dobladas alrededor de mí. Yo era una cría grande, ya pesaba la cuarta parte del peso de mi mamá, pero estaba ciego y casi peludo. Tenía dientes pequeños y agudos, y mis pies traseros y pulgares eran casi del tamaño de un adulto.

Mi mamá me acunó en su cola vuelta hacia arriba, mordió el cordón umbilical y me lamió para limpiarme. Luego mamé mientras ella me olfateó completamente, chirriando continuamente. Yo le respondía en mi voz alta y clara. Aunque mi mamá nunca reconociera mi cara – los murciélagos no son ciegos, pero no tienen vista buena – ella aprendió mi olfato dentro de 30 minutos. Ella también conoce mi voz tan bien que siempre me puede distinguir entre los millones de crías de murciélagos.

¿Cómo Creciste?

Mi mamá voló conmigo a la sección de guardería de la cueva. Allá, colgué al revés, muy apretada junto con las otras crías. Si jalarías una de nosotras, aflojarías a todo el grupo de crías.

Crecí rápidamente. En sólo tres semanas, era casi el tamaño de una adulta. Dentro de cuatro semanas, había crecido pelaje suave de color café. Para cinco semanas, mis dientes permanentes habían crecido y mis alas se desplegaban hasta un pie (30cm) de ancho.

Mi mamá vino dos veces al día para amamantarme por aproximadamente 20 minutos cada vez. A diferencia de la mayoría de los mamíferos, ella tiene tetillas en los lados de su cuerpo, no en su pecho. Cuando ella estaba lista para irse, se soltaba de mí. Si yo me aferraba a ella, entonces ella me arrastraba hasta que yo la soltara.

¿Qué Sabes?

Ya que tengo cinco semanas, puedo volar. Los murciélagos son los únicos mamíferos que verdaderamente pueden volar. Al principio, yo volaba torpemente. Ahora me puedo ubicar usando ecolocalización. Puedo hacer chillidos que hacen eco contra los objetos y me informan la ubicación de dichos objetos. Así, no choco contra nada.

El ala de un murciélago es básicamente una mano con pedazos de piel extendidos entre los dedos. Cuando vuelo, despliego mis brazos y dedos para que la piel se quede extendida de forma apretada.

Al mover mis dedos, puedo cambiar la forma de mis alas para dirigirme. Los murciélagos de cola libre vuelan más rápido quela mayoría de los otros murciélagos.

¿Y Qué Comes?

Los murciélagos descansan en cuevas durante el día. Durante la puesta del sol, nos vamos para cazar comida. Los murciélagos mexicanos de cola libre comen polillas, pero las mamás que están amamantando también comen hormigas voladoras para conseguir los nutrientes de más que necesitan para hacer la leche para sus crías.

A medida que empecé a volar, también aprendí a cazar. Cacé unas pocas polillas al principio. Hasta que pude cazar lo que necesitaba para sostenerme, sobreviví con la grasa que almacené mientras mamaba. Ahora puedo cazar insectos con mis dientes, comiendo varios miles cada noche.

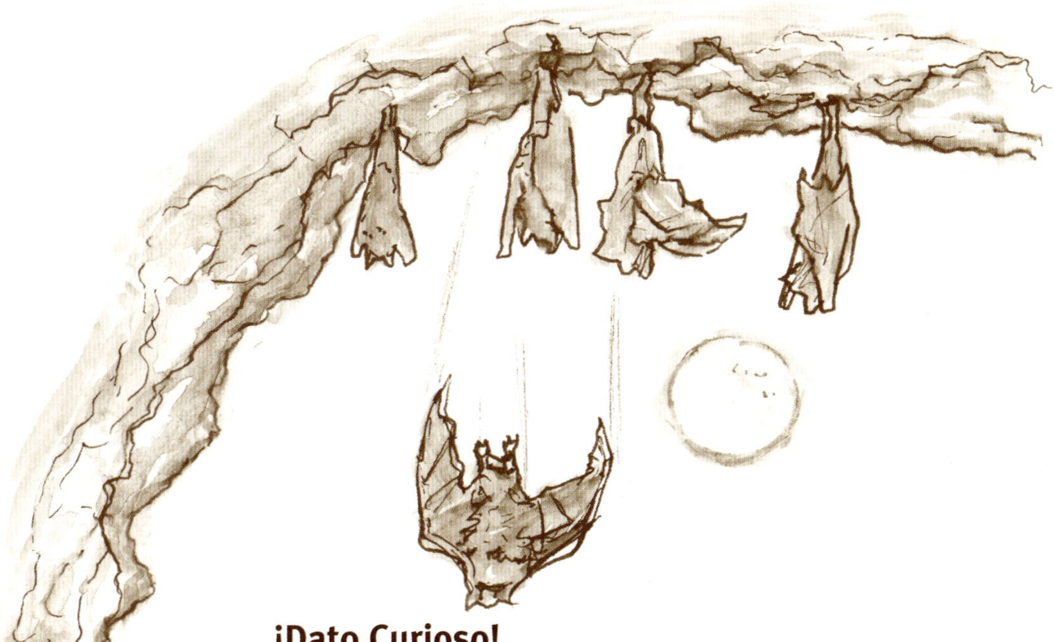

¡Dato Curioso!

Los murciélagos cuelgan al revés, porque no pueden pararse boca arriba. Los huesos de sus piernas son demasiado delgados para sostener sus cuerpos. Pero colgando al revés se les hace fácil – sus garras automáticamente se aferran de su percha. No requiere nada de poder muscular para que un murciélago cuelgue de esta forma.

Cuando un murciélago está listo para volar, se desprende y cae aproximadamente 10pies (3m), permitiendo que gane la velocidad necesaria para poder despegar.

Si mi mamá fuese una leona . . .

¡. . . habría nacido escondido!

¿Cómo Naciste?

Nací en África, en un lugar protegido por piedras y hierbas altas. Mi mamá escogió este lugar, para protegerme de los leopardos, águilas, hienas y leones enemigos que me hubieran querido comer. Yo era uno de cuatro cachorros de león en la camada. Cuando nací, era ciego, no tenía dientes y apenas me podía mover. Mi única comida era la leche de mi mamá.

¿Cómo Creciste?

Cuando nací, mi mamá me cargaba por el pescuezo, aunque algún día yo pesara 400 libras (180kg)! Por cinco semanas, me quedé en la guarida, escondida y segura. A veces mi mamá me dejó por todo un día para cazar la comida.

Cuando aprendí a caminar, mi mamá me sacó de nuestro escondite. Nos unimos a otras leonas – las hermanas y primas de mi mamá – y sus cachorros. También hay algunos leones machos adultos en nuestro grupo, lo cual se llama una manada.

¿Qué Sabes?

En nuestra manada, las mamás cazan y comen juntas. Ellas defienden sus cachorros y su territorio. Los enemigos más grandes no son otros tipos de animales, sino otros leones. Los leones machos quieren apoderarse de la manada, y las hembras quieren robar nuestra zona de alimentación. Las leonas viven en grupos para protegerse de estos otros leones. Los leones machos ayudan a defender la manada también, pero muy pronto otros machos les ahuyentan. Las leonas son las principales cazadoras y defensoras de la manada.

¿Y Qué Comes?

Los leones comen los antílopes, ñus y búfalos. Los machos adultos comen primero, luego las hembras comen y por último comen los cachorros. Mientras tanto, las hienas se paran cerca, observando el banquete y esperando poder robarse un poco de cena.

Despacio, estoy aprendiendo a cazar mi propia comida. Práctico acechando y abalanzándome. Los cachorros de león pueden arruinar las cazas al correr adelante y maullar. Estoy aprendiendo a sentarme pacientemente y observar la caza. Mi mamá me enseña como matar, pero no me ayuda a hacerlo. Tarda dos años para que mi mamá me enseñe a cazar. Después de haber aprendido, mis hermanos y primos se alejan de la manada, pero nosotras las cachorras nos quedamos.
Un día, regresaré a la guarida donde nací, para parir mis propios cachorros.

¡Dato Curioso!

Dentro de una manada, las leonas ayudan a cuidar los cachorros de las otras, aún cuando se trata de amamantar. Una leona que está dormitando después de haber cazado toda la noche, no le pone demasiada atención a quien le está mamando. A diferencia que la mayoría de mamás mamíferas que solamente amamantan sus propias crías, las leonas producen leche para cualquiera de los cachorros en su manada.

Si mi mamá fuese una osa polar . . .

¡. . . habría nacido en una cueva de hielo!

¿Cómo Naciste?

Antes de que nací, mi mamá hiso un túnel en el banco de nieve para ahuecar una guarida para mi. Ella hiso un hueco en la parte superior para aire. Amontonó nieve en frente, para que el aire caliente se mantuviera adentro. Entró gateando, se acurrucó y dormitó, esperando que yo y mi hermana naciéramos.

Yo nací con mi pelaje corto, todavía mojado. No tenía nada de grasa en mi cuerpo. Mi mamá me secó rápidamente y me acurruqué profundamente en su pelaje para mantenerme caliente. No podía ni ver ni oír, pero podía oler la tetilla de mi mamá. Subí por su cuerpo y empecé a mamar.

¿Cómo Creciste?

Nací el tamaño de un cuy. ¡Mi mamá pesaba 400 veces el peso mío! Crecí rápidamente, tomando la leche gruesa y cremosa de mi mamá. Al principio, ella se acostaba de lado para amamantarme. A medida que yo iba creciendo, ella se sentaba, apoyándose contra la pared de la cueva y me acunó en sus brazos enormes y peludos. A veces, ella mecía cuidadosamente de un lado al otro. Durante ese primer mes con sus cachorros, mi mamá no comió nada y nunca salió de la guarida.

Cuando tenía tres meses, podía oír. Luego mis ojos azules se abrieron y pude ver. Dos semanas después, podía masticar y hasta caminar un poquito. Para los cuatro meses, pesaba 25 libras (11kg). Lustrosa y gorda, con un pelaje grueso, estaba lista para salir de la guarida por primera vez. Acompañando a mi mamá, exploré el mundo a su lado durante los próximos dos años y medio.

¿Qué Sabes?

Fuera de la guarida, seguía a mi mamá, pisando en sus grandísimas huellas. Cuando estaba cansada o tenía frío, subía a su espalda. Poco después de haber salido de la guarida, mi mamá me llevó al agua para nadar por primera vez. Los osos polares flotamos fácilmente y somos nadadores fuertes. Usamosnuestras patas delanteras enormes para remar, y nos dirigimos usando nuestras piernas traseras. Podemos nadar hasta 60 millas (100km) por día en agua tan fría que la mayoría de los animales morirían en él dentro de pocos minutos. ¡Nosotros podemos hasta dormir en el mar!

¿Y Qué Comes?

Los osos polares comen carne de foca. Es muy pringosa. Mi mama me enseñó a tomar un descanso cada 20 minutos mientras como, e ir al agua a limpiar la grasa y la sangre.

Cuando tenía un año, empecé a cazar mi propia carne de foca. Al principio, no pude cazar nada. Requiere dos años para aprender a cazar una foca para la comida.

Ya que puedo cazar por mi propia cuenta, uso mi nariz para rastrear una foca a lo largo de millas. También escucho para focas que llaman una a la otra debajo del agua. A veces agarro una foca cuando ella sale a la superficie del agua para respirar. Otras veces, encuentro una foca descansando en el hielo abierto. Me muevo hacia la foca, deslizando en el hielo en mi barriga, para así tomarlo de sorpresa.

¡Dato Curioso!

Un oso polar parece blanco, pero realmente no lo es. Los pelos largos de su pelaje peludo no tienen color y son vacíos. La luz del sol rebota contra éstos, y los hace parecer blancos. La luz solar fluye dentro de cada pelo vacío y lleva el calor al cuerpo del oso polar. Debajo de su pelo, la piel del oso polar es negro. Eso le ayuda a su cuerpo absorber el calor. Uno puede ver la piel negra en su nariz, lengua y plantas de sus pies. Cuando no brilla el sol, la grasa del oso lo mantiene caliente.

Si mi mamá fuese un hipopótamo . . .

¡. . . habría nacido en un río infestado de cocodrilos!

¿Cómo Naciste?

Antes de que nací, mi mamá encontró un lugar callado alejado de la manada de hipopótamos. Ella se acostó en el agua con el agua alcanzando hasta sus ojos y su nariz, y entonces yo salí – primero mis pies delanteros, luego mi cabeza y luego mis pies traseros. Mi cuna era el agua caliente, color café del río lento.

Inmediatamente, mi mamá asomó su cabeza grande en el agua y me empujó hacia la superficie para que yo respirara por primera vez. Luego regresé bajo el agua para mamar. Tuve que doblar mis orejas hacia abajo y cerrar mis orificios nasales, para que el agua no entre. Dos veces cada minuto, regresé a la superficie para respirar y tragar.

¿Cómo Creciste?

Mi mamá y yo nos mantuvimos a distancia de la manada por dos semanas, mientras yo aprendí a flotar en el agua solita. Durante los primeros días, mi mamá nunca me dejó, ni para comer. Ella hocicó y rascó mi piel suavemente con sus dientes. Ella me mantuvo segura de los cocodrilos hambrientos – ella los podía morder en dos con sus mandíbulas poderosas. Si ella necesitaba meterse al agua más honda, me empujaba para ponerme en su espalda ancha, y cargarme.

Pronto nos reincorporamos a la manada, y yo continué a mamar y crecer. Para mi primer cumpleaños, era cuatro veces más grande que cuando nací. Había dejado de mamar, y ya tenía todos mis dientes. Me quedaré con mi mamá hasta cumplir cinco años.

¿Qué Sabes?

Mi manada de hipopótamos pasa los días en una charca en el río. Las mamás y las crías, junto con unos machos, abarrotan el agua y la ribera. Los pájaros comen las garrapatas de nuestras espaldas. Debido a que somos tan grandes, sobresalimos del agua. Las tortugas y hasta las crías de los cocodrilos se montan en nosotros para poder acostarse en el sol.

Durante el día, juego y forcejeo con las otras crías. Los adultos descansan o cortejan el uno a la otra y se aparean. Los machos luchan mucho – a veces tiran agua el uno al otro, forcejan con sus colmillos o se lanzan y caen con una salpicadura.

¿Y Qué Comes?

Los hipopótamos comen hierba que crece en la tierra. Sin embargo, nuestra piel se seca rápidamente, entonces no podemos alejarnos demasiado del agua refrescante. Cada día al atardecer, los hipopótamos salen del agua para comer. Nos movemos como una cortadora de césped a través de la hierba, cortándola muy cerca al suelo. Siempre regresamos al agua antes de que salga el sol.

Durante mis primeros cinco meses, me quedé atrás cuando los adultos fueron a comer, pero no estaba solita. Un hipopótamo hembra cuida las crías mientras que el resto de la manada come. Ahora soy bastante fuerte para mantenerme al paso del grupo pastando, el cual camina cinco millas (8km) en una sola fila.

¡Dato Curioso!

Los hipopótamos tienen una forma apestosa de enviar mensajes el uno al otro: usan su estiércol. Si las mamás se paran para luchar contra un gran hipopótamo macho que está amenazando a sus crías, el macho usualmente les roce a todas con estiércol. Esto les comunica a las mamás que él se va y que por lo tanto no tienen que atacarle. Los machos usan esta señal entre si mismos también.

Si mi mamá fuese un orangután . . .

¡. . . habría nacido en lo alto y muy seco!

¿Cómo Naciste?

Alrededor de tres semanas antes de mi nacimiento, mi mamá empezó a tomar muchísima agua de los huecos en los árboles. Ella también comió muchas termitas para conseguir la proteína que necesitaba. Siempre había construido nidos para descansar en la noche, pero ahora empezó a construirlos durante el día, también. Un día, en medio de un aguacero, ella hiso un nido rapidito a 70 pies (20m) sobre la tierra. Se metió y me parió. El nido nos mantuvo secos durante el aguacero.

Me metí al pelaje de mi mamá, aferrándome fuertemente. Me parecí a mi mamá, pero con una carita rosada y una cabeza sedosa, con el pelo parado.

¿Cómo Creciste?

Durante los próximos dos días, mi mamá descansó en su nido para recobrar su fuerza. Luego empezó a buscar comida. Mientras ella atravesó el bosque, siempre estuve con ella, aferrada con tanta fuerza a su pelaje del lado o de la barriga, que ella no me tenía que sostener. Semejante a un murciélago, nací sabiendo como aferrarme.

Continuaré a mamar, andar en su cuerpo y dormir en su nido durante más de seis años. Los orangutanes jóvenes se quedan con sus mamás hasta que llegue la próxima cría. Los machos empiezan a alejarse entonces, pero las hembras a menudo se quedan por un tiempo observando como se deben cuidar a las crías.

¿Qué Sabes?

Paso mis días trepando, balanceándome y gritando. Aprendo a mamar al revés: uso una mano y un pie para colgar de una rama justo arriba de mi mamá. A veces nos quedamos con otras hembras adultas. Si ellas tienen crías consigo, yo juego con éstas. Tal vez comemos juntas en el mismo árbol por más o menos un día. Por lo demás, nos quedamos solitas.

Los orangutanes, a diferencia de muchos simios, pasamos la mayoría de nuestro tiempo en los árboles, doblando nuestros dedos y los dedos de nuestros pies como ganchos sobre las ramas y parras.

¿Y Qué Comes?

Mientras tanto, he estado aprendiendo como encontrar frutas para comer. En una selva tropical, los frutales se encuentra bastante esparcidos, entonces es difícil mantenerse al tanto de donde están. Yo sigo a los pájaros, como los cálaos y las palomas, que localizan las frutas desde el cielo mientras vuelan. Mi fruta favorita se llama el durián. Tiene espinas en su cáscara dura pero dulce, y pulpa maloliente adentro. A los orangutanes también nos gusta comer hormigas. Sostengo la parte trasera de mi mano contra la corteza de un árbol, y permito que las hormigas trepan en él. Luego pongo mi mano en mi boca y las saco a mordiscos.

¡Dato Curioso!

Llueve mucho en la selva donde viven los orangutanes, y por ello escogen hojas grandes o ramas grandes para usar como sombrillas. También cubren sus nidos para mantenerlos secos de la lluvia. Cada noche, los orangutanes bajan hojas y ramas para hacer un lugar nuevo para dormir.

Pero mi mamá es una humana . . .

¡. . . y nací rodeado por amor!

¿Cómo Naciste?

Después de haber estado en el vientre de mi mamá por nueve meses, ella empezó a tener contracciones, lo cual significaba que yo estaba lista para nacer. Mi mamá y mi papá fueron al centro de maternidad, donde nos esperaba una comadrona.

Después de varias horas, mi mamá sintió que era el momento dado para mi nacimiento. Con mi papá a su lado, ella empujó muy fuertemente varias veces. La comadrona guió mi cabeza para permitir que mis hombros y cuerpo pudiesen salir. Luego, ella me limpió y me puso en la barriga caliente de mi mamá. Respiré por primera vez y pegué un grito. Escuché mi papá decir mi nombre. Él cortó el cordón umbilical que me había proveído alimentación en el vientre. De ahora en adelante, tendría que respirar con mis pulmones y comer con mi boca. Escuché la voz conocida de mi mamá mientras ella me levantó a su pecho. Me acurruqué y empecé a mamar.

¿Cómo Creciste?

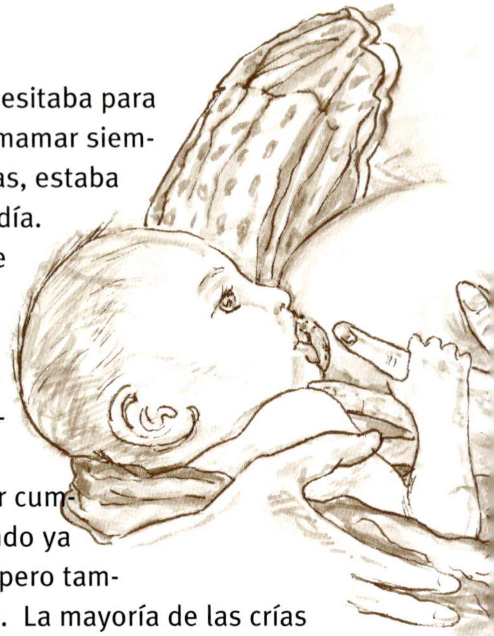

La leche materna de mi mamá me dio todo lo que necesitaba para crecer grande y fuerte y saludable. Ella me permitió mamar siempre que tenía hambre. Para cuando tenía dos semanas, estaba tomando casi un cuarto de un galón (1 lt) de leche al día.

Crecí despacio, en comparación con la mayoría de los otros mamíferos. Después de un mes, empecé a sonreír y reír. En los próximos meses, aprendí a sostener mi propia cabeza grande y pesada, y luego, voltearme. A los seis meses, podía sentarme por mi propia cuenta por primera vez.

A los nueve meses, podía gatear y, para mi primer cumpleaños, había aprendido a caminar un poquito. Cuando ya tenía algunos años, había perdido interés en mamar, pero tampoco estaba lista para cuidarme por mi propia cuenta. La mayoría de las crías de los mamíferos dejan sus mamás y se convierten en adultos poco después de haber dejado de mamar, pero los bebés humanos necesitan que sus padres los cuiden por mucho tiempo después.

¿Qué Sabes?

A medida que iba creciendo, aprendí sobre todo tipo de cosa: cómo encontrar comida, cómo hablar y cómo caminar. Los humanos tienen cerebros grandes. También tienen manos que pueden hacer muchas cosas diferentes, como lanzar una pelota, cambiar el canal o recogiendo un lápiz de color. Debido a que los humanos tienen que aprender tantas cosas para poder sobrevivir, los bebés humanos usualmente se quedan con sus padres por alrededor de 20 años.

Los humanos caminamos en solamente dos pies, y por lo tanto, nuestras manos quedan libres para hacer muchas cosas. Cuando tenía tres meses, empecé a usar mis manos para pegar cosas, y tres meses después, podía alcanzar cosas y agarrarlas. Ahora uso mis manos para pintar un dibujo, armar un rompecabezas o construir una casita para los pájaros.

¿Y Qué Comes?

Alrededor de los seis meses, empecé a comer pequeñas cucharadas de comida suave, pero la leche de mi mamá continuaba siendo mi comida principal. Mis dientes empezaron a crecer, uno tras otro. Tuve mi primera dentadura a los dos años y medio, entonces podía comer la misma comida que mis padres, pero primero ellos me lo cortaban en pedacitos muy pequeños.

A diferencia de los otros mamíferos, los humanos cocinamos nuestra comida. Cocinando la comida, mata a los gérmenes y suaviza las fibras duras, para que los humanos puedan comer una variedad más grande de alimentos que cualquier otro animal.

¡Dato Curioso!

Una bebé crece adentro del útero, o vientre, de su mamá. La bebé está conectada por el cordón umbilical a la placenta, un órgano conectado al forro del vientre. La placenta le da al bebé el oxígeno y la alimentación que éste necesite mientras crece dentro de su mamá. Cuando la bebé sale de su mamá, la placenta sale también. Luego el cordón umbilical ya no se necesita, y se corta. Deja un muñón que se cae dentro de unas semanas. Lo que queda se llama el hombligo.

GLOSSARIO

aleta – Un miembro ancho y plano, adaptado a la natación, que se ve en animales acuáticos como el ornitorrinco, la foca, la ballena o la tortuga de mar.

amamantar – Dar de mamar; *ver también* **mamar**.

ano – La abertura a través de la cual los desechos sólidos (la caca) sale del cuerpo.

barbas – Las laminas que cuelgan de la mandíbula superior de las ballenas, las cuales son usadas como un colador para colar la comida del lodo y agua.

bebé – Un/a bebé en la primera etapa de su vida.

cachorro/a – La cría de ciertos animales carnívoros, como el oso, zorro o león. También crías del perro, zorro, murciélago o foca.

centro de maternidad – Un lugar diseñado para parecerse y sentirse como un hogar, el cual provee cuido a las mamás antes, durante y después del nacimiento de sus bebés.

comadrona – Una persona que ayuda a las mamás en dar a luz.

contracción – Los movimientos rítmicos del vientre al apretarse, los cuales ayudan a empujar el bebé afuera del cuerpo de la mamá durante el nacimiento.

cría – Los bebés de ciertos animales como el elefante, la ballena, la vaca, la jirafa o el hipopótamo; también los bebés de marsupiales como los canguros o koalas.

crustáceo – Un artrópodo acuático con un cuerpo segmentado y una concha exterior dura, como la langosta, el cangrejo, el kril o el percebe.

cordón umbilical – El cordón flexible que conecta al/la bebé en desarrollo aún no nacido/a, con la placenta en el útero, o vientre. El cordón umbilical lleva oxígeno y nutrientes al/la bebé aún no nacido/a y saca sus excrementos. *Ver también*

nutriente, placenta, útero.

depredador – Un animal que caza y come otros animales.

durián – La fruta de un árbol que crece en el Sureste Asiático. Tiene una cáscara dura y espinosa, con pulpa suave.

ecolocación – Un sistema que los murciélagos y algunos otros animales usan para ubicarse. Hacen ruidos de tono agudo, que hacen eco rebotando contra objetos, luego regresando a sus oídos, y así comunicándoles adonde quedan esos objetos.

embarazada – Se usa para describir una mamífera que carga un bebé que está desarrollando dentro de su cuerpo.

estiércol – Los desechos sólidos de un animal; caca.

eucalipto – Un árbol alto, nativo a Australia, conocido por sus hojas de olor fuerte.

grasa de ballena – La capa de grasa debajo de la piel de las ballenas y otros animales marinos.

hacer madrigueras – Cavar un hoyo en el suelo, el cual será usado para esconderse o vivir.

kril – Un crustáceo marino pequeño (un animal acuático que tiene piernas articuladas y una concha exterior dura). El kril es el alimento principal de las ballenas barbadas.

laguna – Una masa de agua poco profunda, separada del mar por dunas arenosas bajas.

macho –El nombre dado a un adulto masculino de ciertos tipos de animales, como la vaca, el caimán, el elefante, el hipopótamo o el alce americano.

mamar – Alimentarse del pecho; amamantar.

mamífero – Un animal de sangre caliente que tiene una columna vertebral, pelo o pelaje y produce su propia leche para alimentar a sus crías.

manada – Un grupo de leones.

migración – El proceso de mover en forma periódica de un lugar o clima a otro. Ciertas ballenas, pájaros y peces migran.

niño/a – Un/a ser humano/a entre el nacimiento y la pubertad.

nutriente Una fuente de nutrición, especialmente en la comida.

papilla – Una sustancia suave y verdosa compuesta de hojas que una mamá koala mastica y traga. Luego sale de su cuerpo a través de su ano y su bebé lo come.

placenta – Un órgano en la mayoría de las mamás mamíferas, formado en el forro del vientre. Provee nutrientes y oxígeno al/la bebé aún no nacido/a a través de el cordón umbilical, y también recibe los excrementos del/la bebé. *Ver también* **vientre**.

témpano de hielo – Un pedazo grande y plano de hielo flotante.

tensión – El estar muy estirado.

útero – En la mayoría de las mamíferas, el órgano en el cual el/la bebé se desarrolla antes de nacer; el vientre.

veneno – El líquido tóxico que ciertos animales meten a los cuerpos de sus víctimas, a través de morder, picar, etc. Las arañas, las culebras y los ornitorrincos todos tienen veneno.

vientre – En la mayoría de las mamíferas, el órgano en el cual el/la bebé se desarrolla antes de nacer; el útero.

zona de parir – El sitio donde ciertos animales grandes paren.

ÍNDICE

alas, murciélago, 40

amamantar, *ver* mamar

ballena, gris, 22-25

barba, 25

bolsa abdominal, 15, 16

bolsas de cachetes, 9

colmillo, elefante, 11, 13

cordón umbilical, 25, 39, 59, 61

cuevas, 39, 40, 41, 47, 48

dientes, 13, 16, 21, 25, 33, 41, 52, 61

ecolocación, 40

elefante, africano, 11-13

estiércol, hipopótamo, 53

foca, encapuchada, 35-37

grasa, 23, 24, 49

hipopótamo, 51-53

hojas de eucalipto, 17

huevos, 7

humano/a, 59-61

jirafa, 27-29

jugar, 16, 20, 28, 52, 56

koala, 15-17

leche de la mamá, 7, 8, 13, 15, 16, 24, 31, 32, 36, 41, 43, 48, 60, 61

leche materna, *ver* leche de la mamá

lengua, jirafa, 29

león/leona, 42-45

luchando, 33, 52

mamar, 7, 8, 12, 13, 15, 16, 19, 20, 21, 24, 27, 29, 31, 32, 35, 36, 37, 39, 40, 41, 43, 45, 47, 48, 51, 52, 56, 59, 60, 61

manada, 12, 28, 44, 45, 51, 52

migración, 23, 24

murciélago, mexicano de cola libre, 39-41

musaraña, chica, 31-33

nacimiento, 7, 11, 15, 19, 23, 25, 27, 31, 35, 37, 39, 43, 45, 47, 51, 54, 59, 61

nidos, 7, 8, 19, 31, 32, 54, 56, 57

orangután, 54-57

ornitorrinco, 7-9

oso/a polar, 47-49

papilla, 16

pelo, oso/a polar, 49

pescuezo, jirafa, 29

pezuñas, jirafa, 27, 28

pico, ornitorrinco, 9

pies, elefante, 13

placenta, 61

tetillas, 12, 15, 19, 27, 31, 35, 40, 47

tití, leoncito dorado, 19-21

trompa, elefante, 11, 12, 13

útero, *ver* vientre

veneno, 9

vientre, 59, 61

vista, murciélago, 39